全国高职高专汽车类"工学结合-双证制"人才培养"十二五"规划教材

汽车电器设备与维修
学习工作页

主　编　江　军　鄂　义
副主编　郑　振　余元强　赵艳杰
　　　　杨进峰　张柏荣

华中科技大学出版社
中国·武汉

内 容 提 要

《汽车电器设备与维修学习工作页》是全国高职高专汽车类"工学结合-双证制"人才培养"十二五"规划教材之一，与《汽车电器设备与维修》教材配套使用。主要内容包括：蓄电池的维护与更换，交流发电机的拆装与检测，汽车电源系统故障检修，启动机的拆装与检测，启动系统故障检修，电动后视镜和电动车窗系统故障检修，电动雨刮及洗涤系统故障检修，点火系统故障检修，前照灯故障检修，汽车信号系统故障检修，汽车仪表与报警系统故障检修，电控门锁系统故障检修，汽车电路图识读，汽车电气系统综合故障检修。每个工作页通过编制工作计划，填写部件名称与序号，描述工作原理及工作过程，使学生在实践中牢固掌握汽车专业的基础知识，能有效指导学生的实践操作和理论学习。

《汽车电器设备与维修学习工作页》可作为高职、中职院校汽车检测与维修专业、汽车电子技术专业、汽车运用与维修专业的教材，也可作为行业从业人员的培训教材。

图书在版编目(CIP)数据

汽车电器设备与维修学习工作页/江军，鄂义主编. —武汉：华中科技大学出版社，2014.11(2022.8 重印)
ISBN 978-7-5680-0499-2

Ⅰ.①汽… Ⅱ.①江… ②鄂… Ⅲ.①汽车-电气设备-车辆修理-高等职业教育-教材 Ⅳ.①U472.41

中国版本图书馆 CIP 数据核字(2014)第 257307 号

汽车电器设备与维修学习工作页   江　军　鄂　义　主编

策划编辑：严育才
责任编辑：刘　飞
封面设计：范翠璇
责任校对：何　欢
责任监印：徐　露

出版发行：华中科技大学出版社(中国·武汉)　　　电话：(027)81321913
　　　　　武汉市东湖新技术开发区华工科技园　　　邮编：430223
录　　排：武汉正风天下文化发展有限公司
印　　刷：武汉科源印刷设计有限公司
开　　本：710mm×1000mm　1/16
印　　张：6.25
字　　数：120千字
版　　次：2022年8月第1版第5次印刷
定　　价：25.00元

本书若有印装质量问题，请向出版社营销中心调换
全国免费服务热线：400-6679-118　　竭诚为您服务
版权所有　　侵权必究

全国高职高专汽车类"工学结合-双证制"人才培养"十二五"规划教材

编 委 会

主任委员
  张光德 武汉科技大学

委员（排名不分先后）
  陈森昌 广东技术师范学院
  张 健 湖北工业职业技术学院
  侯守明 鹤壁汽车工程职业学院
  熊其兴 武汉职业技术学院
  彭国平 武汉城市职业学院
  包科杰 襄阳汽车职业技术学院
  吴纪生 江西交通职业技术学院
  苗春龙 潍坊职业学院
  黄经元 九江职业技术学院
  杨进峰 广东工程职业技术学院
  吴云溪 广东科学技术职业学院
  张柏荣 武汉市交通学校
  谢生伟 四川职业技术学院
  鄂 义 武汉软件工程职业学院
  廖中文 广东农工商职业技术学院
  周松兵 湖北十堰职业技术（集团）学校
  刘照军 聊城职业技术学院
  罗文华 盐城工业职业技术学院

序

目前我国正处在改革发展,深入贯彻落实科学发展观,全面建设小康社会,实现中华民族伟大复兴的关键阶段,必须大力提高国民素质,在继续发挥我国人力资源优势的同时,加快形成我国人才竞争的优势,逐步实现由人力资源大国向人才强国的转变。

《国家中长期教育改革和发展规划纲要(2010—2020年)》提出:发展职业教育是推动经济发展、促进就业、改善民生、解决"三农"问题的重要途径,是缓解劳动力供求结构矛盾的关键环节,必须摆在更加突出的位置。职业教育要面向人人、面向社会,着力培养学生的职业道德、职业技能和就业创业能力。

职业教育是现代国民教育体系的重要组成部分,在实施科教兴国战略和人才强国战略中具有重要地位。通过调研我们发现当前校企合作人才培养模式存在的主要问题是:"订单式"模式,易造成学生知识结构的狭窄单一,影响其进一步深造和发展;"三明治"模式,企业对实习生的培训负担重,受益较少,积极性不高;"2+1"模式,学生长期脱离学校顶岗实习,知识学习得不到保障。总之,当前校企合作人才培养多在点上开展工作,未能建立起人才培养的长效合作机制,缺乏可持续发展的动力。针对以上问题,专家建议汽车专业高职教育必须把以过程为导向的"工学结合"和以就业为导向的"双证制教学"结合起来,实现高职学生教学和就业的直接通道。

实行"双证制教学"可以促进人才培养模式的创新,改变传统学科式教育中重理论、轻技能的人才培养模式,实现以就业为导向,对学生进行有针对性的职业技能培训和鉴定,更好地培养面向生产、建设、管理、服务第一线需要的"下得去、留得住、用得上",实践能力强,具有良好职业道德的高素质技能型人才。该制度能增强高职毕业生的就业竞争力,提高就业率,有利于提高毕业生的目标签约率和专业对口就业率,实现毕业生与市场需求的"零距离"接轨。

针对专家们提倡的"工学结合"和"双证制教学"同时引进高职学校的新教学理念,2013年,华中科技大学出版社组织全国职业院校建设适合汽车专业"工学结合-双证制"教学的教材,通过教材建设带动课程建设,解决课程建设资源、教材建设与市场需求和企业要求相对落后的困境,该教材力求突出工作过程和职业技能;紧扣高等职业教育教学大纲和执业资格考试大纲和标准,提高认证考试通过率。

本套教材有如下特点。

1. 反映教改成果,接轨职业岗位要求　紧跟任务驱动、项目导向等"教、学、做"一体的教学改革步伐,反映高职汽车类专业教改成果,注意满足企业岗位任职知识要求。

2. 紧跟教改,接轨"双证书"制度　紧跟教育部教学改革步伐,引领职业教育教材发展趋势,注重学业证书和职业资格证书相结合,提升学生的就业竞争力。

3. 紧扣技能考试大纲、直通认证考试　紧扣高等职业教育教学大纲和岗位职业资格考试大纲和标准,随章节配套习题,全面覆盖知识点与考点,有效提高认证考试通过率。

4. 强调合作　针对相关认证大纲涉及多门课程内容的事实,本系列教材的每门课程教材在定大纲时要明确在哪些认证中涉及该课程知识,以及认证对该课程的要求。

5. 创新模式,理念先进　创新教材编写体例和内容编写模式,迎合高职学生思维活跃的特点,体现"双证书"特色。

6. 突出技能,引导就业　注重实用性,以就业为导向,专业课围绕技术应用型人才的培养目标,强调突出技能、注重整体的原则,构建以技能培养为主线、相对独立的实践教学体系。充分体现理论与实践的结合,知识传授与能力、素质培养的结合。

当前,工学结合的人才培养模式和项目导向的教学模式正在深化改革中,"工学结合-双证制"人才培养模式更处于探索阶段。随着本套教材投入教学使用和不断得到改进、完善和提高,本套教材将来会为我国现代职业教育体系的建设和高素质技能型人才的培养做出积极贡献。

谨为之序。

武汉科技大学教授、博士生导师
湖北省汽车工程学会理事、常务理事
张志勇
2014年4月23日

前　　言

本教材以"任务驱动"为编写思路，由具体的学习工作任务引出相应的专业知识，使学生在实践中牢固掌握汽车专业的基础知识，有效地指导学生的理论学习和实践操作，体现了现代职业教育"教、学、做"一体化的特色。

本教材是根据《汽车电器设备与维修》教材的内容，分解了15个学习任务，根据每个学习任务设计对应的学习工作页。这15个学习工作任务分别为：蓄电池的维护与更换，交流发电机的拆装与检测，汽车电源系统故障检修，启动机的拆装与检测，启动系统故障检修，电动后视镜和电动车窗系统故障检修，电动雨刮及洗涤系统故障检修，无触点点火系统故障检修，微机控制点火系统故障检修，前照灯故障检修，汽车信号系统故障检修，汽车仪表与报警系统故障检修，电控门锁系统故障检修，汽车电路图识读，汽车电气系统综合故障检修。

本教材由湖北工业职业技术学院江军和武汉软件工程职业学院鄂义担任主编。湖北工业职业技术学院郑振、余元强、赵艳杰，广东工程职业技术学院杨进峰和武汉市交通学校张柏荣担任副主编。郑振、余元强、赵艳杰分别负责了学习工作页1、2、3、4、5、6的编写，鄂义负责了学习工作页7、8的编写，江军负责了学习工作页9、10、11、12的编写，杨进峰负责了学习工作页13、14的编写，张柏荣负责了学习工作页15的编写。

限于编者的经验和水平，书中难免有不妥或错误之处，敬请广大读者批评指正，提出修改意见和建议，以便再版修订时改正。

编　者
2014年9月

目 录

学习工作页 1　蓄电池的维护与更换 ·· 1

学习工作页 2　交流发电机的拆装与检测 ··· 8

学习工作页 3　汽车电源系统故障检修 ··· 14

学习工作页 4　启动机的拆装与检测 ·· 21

学习工作页 5　启动系统故障检修 ··· 26

学习工作页 6　电动后视镜和电动车窗系统故障检修 ······································· 32

学习工作页 7　电动雨刮及洗涤系统故障检修 ··· 38

学习工作页 8　无触点点火系统故障检修 ··· 43

学习工作页 9　微机控制点火系统故障检修 ··· 49

学习工作页 10　前照灯故障检修 ··· 55

学习工作页 11　汽车信号系统故障检修 ·· 61

学习工作页 12　汽车仪表与报警系统故障检修 ··· 68

学习工作页 13　电控门锁系统故障检修 ·· 74

学习工作页 14　汽车电路图识读 ··· 80

学习工作页 15　汽车电气系统综合故障检修 ··· 87

学习工作页 1

姓名		学号		学时		成绩	
日期		地点		指导教师			
任务名称	蓄电池的维护与更换							
任务目标	知识目标： （1）掌握蓄电池的分类、型号、作用、结构、工作原理及容量； （2）掌握蓄电池常见故障的检测方法； （3）掌握蓄电池的正确使用与维护方法。 能力目标： （1）能对蓄电池进行拆卸和安装； （2）能选用蓄电池； （3）能检测蓄电池； （4）能对蓄电池进行充电和保养。						
设备、工具准备	实训车、蓄电池、充电机、维修手册、数字万用表、常用拆装工具、高率放电计。						
信息获取	车型：_____。						

学 习 准 备

1. 现代汽车的电器设备种类和数量繁多，但按各电器的作用归纳起来，主要有以下八个子系统：

(1) _____；　　(2) _____；

(3) _____；　　(4) _____；

(5) _____；　　(6) _____；

(7) _____；　　(8) _____。

2. 汽车电器设备众多，但具有以下四个共同特点：

(1) _____；　　(2) _____；

(3) _____；　　(4) _____。

3. 蓄电池的结构组成：

(1) 蓄电池由_____、_____、_____、_____、_____、极柱、蓄电池盖及加液孔盖等部分组成。12 V 蓄电池一般由 6 个单格电池串联而成，每个单格额定电压为_____。

(2) 在下列蓄电池结构示意图的方框中写出各部件的名称。

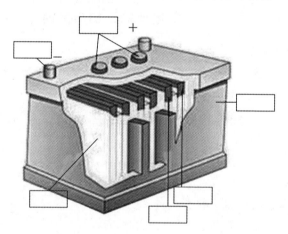

4. 蓄电池的用途有：

(1) 启动发动机时供电给_____；

(2) 发动机停转或发电机电压过低时供电给_____；

(3) 在发电机电压高于蓄电池电压时，蓄电池作为发电机的负载，将发电机发出的一部分电能转变成_____；

(4) 发电机过载时，协助发电机向_____供电；

(5) 蓄电池相当于一个大电容器，能吸收_____，保护_____，保持汽车电器系统_____。

5. 蓄电池的使用与维护
1）蓄电池的充电
（1）充电方法（在下图中填空）。

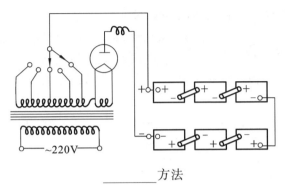

_____方法

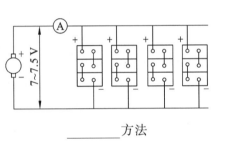

_____方法

_____方法

（2）操作步骤。

① _____。

② _____。

③ _____。

④ _____。

⑤ _____。

⑥ _____。

（3）充电注意事项。

① 接线前要分清_____，蓄电池正、负极要与充电设备的_____相对应。

② 接线时先接_____，防止产生过大的电火花。

③ 充电前把加液孔盖_____，并密切关注充电过程所产生的温度和密度的变化，保持环境的通风。

④ 不应把充电设备与蓄电池放置同一充电房内，并应_____，同时在充电

房内应配备10%苏打溶液或氨水。

⑤ 停止充电时,应先_____,再断开_____连接线。

2) 蓄电池的维护

① 启动发动机时,启动时间不能超过_____。如需再次启动应停顿约_____再作第二次启动,若连续三次以上不能启动则应先检查故障原因,排除后再尝试启动,以免造成蓄电池过放电。

② 蓄电池的负极极性必须要跟_____一致,不能接错。在安装蓄电池后,先将_____。

③ 拆卸蓄电池时,应先拆下蓄电池的_____,再拆蓄电池的_____,防止金属工具等不慎搭铁造成蓄电池短路。

④ 蓄电池在搬运过程中要注意,不要在地上_____,在汽车上应用固定支架固定,防止行车振动而移位。

⑤ 要定期检查蓄电池的_____,如发现电解液不足要及时____。冬季补加蒸馏水时必须在_____情况下进行,避免水和电解液混合不均而结冰。

⑥ 蓄电池的极柱应涂上_____,防止极柱腐蚀生成氧化铜。

⑦ 要经常检查电极接线柱与接线头连接是否可靠,加液盖是否拧紧,通气孔有无堵塞。

⑧ 行驶100 km或夏季行驶5~6天、冬季行驶10~15天,应用放电计或密度计检查放电程度。如冬季放电超过_____、夏季放电超过_____时,应取下蓄电池进行补充充电。

⑨ 每月应拆下蓄电池进行一次_____,新、旧蓄电池不能混合使用,更换时应全部更换。

计划与实施

一、计划

对小组成员进行合理分工,制订详细的工作任务计划。

人员分配	
时间安排	
工作步骤	
设备和工具	

二、实施

任务项目	汽车蓄电池更换与维护 作业要领及技术标准	检查记录
抄录蓄电池参数和类型	观察蓄电池上面的标示,记录并说明各部分含义。	类型:_____ 额定电压:_____ 额定容量:_____ 冷启动电流:_____
蓄电池的拆卸与更换	(1) 将点火开关打到"OFF"位置; (2) 拆下蓄电池的固定螺栓,取下固定夹板; (3) 先拧松负极柱上的接线螺栓,再拧松正极柱上的接头螺栓,取下电缆; (4) 从汽车上取下蓄电池,要轻拿轻放; (5) 检查蓄电池的外表情况。	
判断蓄电池的技术状态	根据免维护蓄电池内装式密度计判断蓄电池的技术状态。	
蓄电池电解液液面高度、电解液密度检查	(1) 玻璃管测量法:玻璃管下端液柱高度为 10~15 mm; (2) 液面高度指示线法:正常液面高度在两线之间; (3) 室温 25 ℃时,密度为 1.25 g/cm^3。	
蓄电池的性能及放电程度检查	(1) 电压能保持在 10.5~11.6 V,存电量为充足,蓄电池无故障; (2) 电压能保持在 9.6~10.5 V,存电量为不足,蓄电池无故障; (3) 电压降到 9.6 V 以下,存电量严重不足或者蓄电池有故障。	
蓄电池的充电	(1) 与充电机的连接方法; (2) 充电电流的选择; (3) 充电方法的选择。	

1. 蓄电池电压的测量并记录测量值

(1) 打开前照灯,按响喇叭,记录灯光亮度和喇叭响度,初步判断蓄电池电压。

(2) 用万用表测量,记录测量电压。

(3) 写出用高率放电计测量放电电压的方法,并用高率放电计测量放电电压。

2. 蓄电池的充电

使用现有的充电机对蓄电池进行充电,说明充电方法,并记录现象。

3. 故障分析、检测及排除

案例:由于蓄电池故障引起的发动机启动无力,前照灯灯光暗淡,充电指示灯不亮。

(1) 分析蓄电池的常见故障及原因。

(2) 写出实训车上蓄电池更换的正确步骤。

(3) 选用合理的工具对蓄电池进行检测。

(4) 查找故障部位并排除故障。

三、检查

将蓄电池装上实训车后,打开前照灯查看灯光亮度,检查喇叭是否响,能否正常启动发动机。

评　　估

考评分项与分值	实操考评 20 分		素质考评 50 分				工单考评 30 分
	劳动纪律 10 分	5S 管理 10 分	任务方案 10 分	工具使用 10 分	实施过程 20 分	完成情况 10 分	
自我评估							
组长评估							
教师评估							
综合评估							

学习工作页 2

姓名		学号		学时		成绩	
日期		地点		指导教师			
任务名称	交流发电机的拆装与检测							
任务目标	**知识目标：** (1) 理解交流发电机的功用、分类、型号、结构及工作原理； (2) 理解交流发电机电压调节器的功用、分类及电压调节原理； (3) 掌握交流发电机常见故障的检修方法。 **能力目标：** (1) 能正确识别各种类型的发电机； (2) 能正确叙述发电机的结构和工作原理； (3) 能正确使用工具对交流发电机拆装； (4) 能正确使用数字万用表对交流发电机进行检测，并能准确判断交流发电机的技术性能。							
设备、工具准备	交流发电机、维修手册、数字万用表、常用拆装工具、拉马、直尺、细砂纸。							
信息获取	交流发电机类型：_____；交流发电机的搭铁方式：_____。							

学习准备

1. 阅读教材或查阅资料,写出JF132型交流发电机解体图(见下图)中各代号指示的各部件的名称。

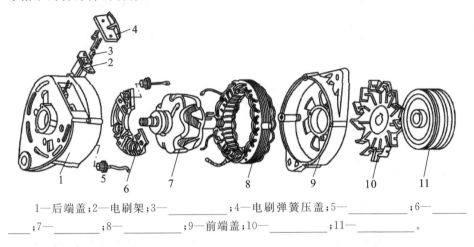

1—后端盖;2—电刷架;3—_____;4—电刷弹簧压盖;5—_____;6—_____;7—_____;8—_____;9—前端盖;10—_____;11—_____。

2. 阅读教材或查阅资料,写出下面汽车交流发电机的转子总成分解图各代号指示各部件的名称,并完成填空题。

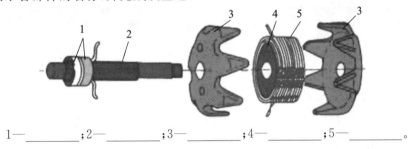

1—_____;2—_____;3—_____;4—_____;5—_____。

转子的功用是_____。转子主要由两块爪极、磁场绕组、转子轴和滑环等组成。

转子轴上压装着两块爪极,两块爪极各有6个由低碳钢制成的鸟形磁极,空腔内装有磁轭(也称铁芯),用于导磁。磁轭上绕有磁场绕组(又称磁场绕组或转子线圈),阻值为_____Ω,磁场绕组的两根引线分别焊在与转子轴绝缘的两滑环上。滑环由两个彼此绝缘的铜环组成,它与安装在后端盖上的两个电刷相接触,两个电刷通过引线分别接在两个螺钉接线柱,即_____和_____上。

所谓励磁,即将电源引入磁场绕组,使之产生磁场。交流发电机励磁有两种方式:_____和_____。在发动机启动期间,需要蓄电池供给发电机磁场电流生磁使发电机发电。这种供给磁场电流的方式称为_____发电。当发电机有能力对外供电时,就可以把自身发的电供给磁场绕组生磁发电,这种供给磁场电流的方式称为_____。

3. 汽车交流发电机的种类。

(1) 按交流发电机的总体结构分为五类。

①_____；②_____；

③_____；④_____；

⑤_____。

(2) 按整流器结构分为四类。

①_____；②_____；

③_____；④_____。

(3) 按磁场绕组的搭铁形式分为两类。

①_____；②_____。

4. 结合整流器的外形与二极管的安装方式图，完成下列填空。

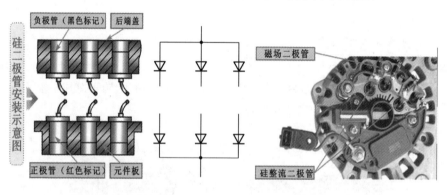

交流发电机整流器的作用是：_____。

硅整流二极管只有一根引线，有正二极管和负二极管之分。引出线为正极的管子称为_____，引出线为负极的管子称为_____。

整流板有正负极之分。将三只正极管安装在一块铝制散热板上，称为_____；将三只负极管安装在另一块铝制散热板上，称为_____，也可用发电机后盖代替负整流板。在正整流板上有一个输出接线柱 B(_____)。负整流板上直接搭铁，负整流板一定要和壳体相连接。

5. 阅读教材或查阅资料，说明汽车交流发电机的工作原理。

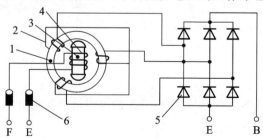

计划与实施

一、计划

对小组成员进行合理分工,制订详细的工作任务计划。

人员分配	
时间安排	
工作步骤	
设备和工具	

二、实施

1. 交流发电机的解体

记录解体步骤:

2. 交流发电机的检测

1) 不解体的检查(交流发电机的整机检测)

(1) 目测交流发电机外壳是否有破损。

  正常 □   损伤 □

(2) 用手转动发电机皮带轮,检查发电机轴承的完好情况。

  正常 □   运转噪声 □

(3) 用万用表检测发电机 B 端子与外壳之间的电阻,判断整流器的好坏。

  正向测量值:_____ 反向测量值:_____

  正常 □ 不同极性二极管被击穿 □ 同一极性二极管被击穿 □

2) 解体后的检查

(1) 转子的检查。

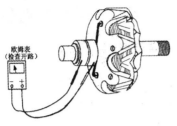
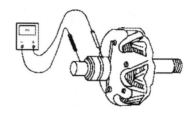

转子绕组短路、断路检查　　　　　　转子绕组绝缘检查

① 转子绕组短路与断路的检查。

测量值：_____　　检测结果判断：正常 □　　短路 □　　断路 □

② 转子绕组绝缘检查。

测量值：_____　　正常 □　　不绝缘 □

③ 滑环的检查。

正常 □　　　　　脏污 □　　　　　损坏 □

(2) 定子的检查。

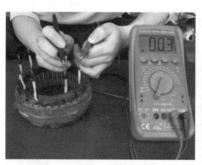

定子绕组短路、断路检查　　　　　　定子绕组绝缘检查

① 定子绕组短路与断路的检查。

测量点	A-N	B-N	C-N
测量值			
正常			
短路			
断路			

② 定子绕组绝缘检查。

测量值：_____　　正常 □　　不绝缘 □

（3）整流器的检查。

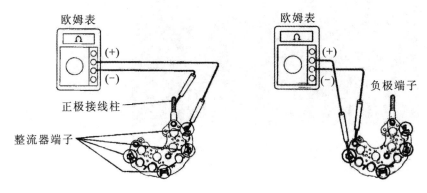

正极管的检测　　　　　　　　负极管的检测

① 检测正极管。

　　正向测量值：_____　　反向测量值：_____

　　检测结果判断：正常 □　损坏 □

② 检测负极管。

　　正向测量值：_____　　反向测量值：_____

　　检测结果判断：正常 □　损坏 □

（4）碳刷组件的检查。

　　长度测量值：_____　　长度标准值：_____　　异常磨损情况：_____

评　估

考评分项与分值	实操考评20分		素质考评50分				工单考评30分
	劳动纪律10分	5S管理10分	任务方案10分	工具使用10分	实施过程20分	完成情况10分	
自我评估							
组长评估							
教师评估							
综合评估							

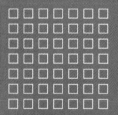

学习工作页 3

姓名		学号		学时		成绩	
日期		地点		指导教师			
任务名称	汽车电源系统故障检修							
任务目标	知识目标： （1）理解电源系统的结构和工作原理； （2）理解充电指示灯的功能； （3）掌握汽车电源充电系统故障检修方法。 能力目标： （1）能正确识别电源系统的工作状态； （2）能正确识读电源系统的电路图； （3）能正确使用数字万用表及诊断仪对电源系统进行检修。							
设备、 工具准备	汽车电源、维修手册、数字万用表、电路图、十号扳手、充电机。							
信息获取	车型：_____。							

学习准备

1. 阅读教材或查阅资料,完成下列问题。

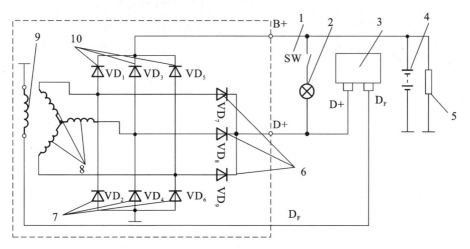

(1) 上图所示电路为_____类型发电机电路。

(2) 查阅相关资料,填写图中数字所示元器件名称。

1—_____;2—_____;3—_____;4—_____;

5—_____;6—_____;7—_____;8—_____;

9—_____;10—_____。

(3) 查阅相关资料,填写图中数字所示元器件作用。

2—_____;3—_____;6—_____;

7,10—_____;8—_____;9—_____。

2. 交流发电机采用_____励和_____励结合的激磁方式,当交流发电机输出电压低于蓄电池端电压时,发电机的激磁电流由蓄电池供给,称为_____励;当发电机输出电压达到蓄电池电压时,发电机的激磁电流由自己供给,称为_____励。硅整流发电机,在自励正常运转发电时,充电指示灯断电是什么状态?

3. 发电机充电系统充电指示灯常亮的故障原因有哪些?

4. 阅读教材或查阅资料,参照下图所示的外搭铁型电压调节器原理图,简述交流发电机电压调节器的工作原理。

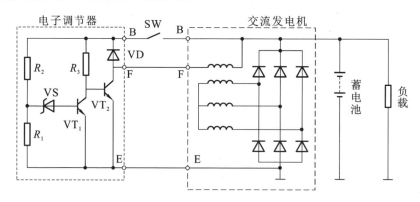

5. 识读下列桑塔纳2000系列轿车电源系统电路图,写出充电指示灯的电流路径。

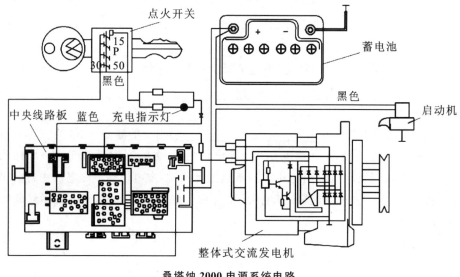

桑塔纳 2000 电源系统电路

蓄电池"+"→＿＿＿→＿＿＿→＿＿＿→＿＿＿→＿＿＿→＿＿＿→＿＿＿→＿＿＿→＿＿＿→＿＿＿→＿＿＿→发电机内部搭铁→蓄电池"−"

计划与实施

一、计划

对小组成员进行合理分工,制订详细的工作任务计划。

人员分配	
时间安排	
工作步骤	
设备和工具	

二、实施

1. 充电指示灯观察

（1）点火开关打到 ON 挡,观察仪表上的充电指示灯 🔋：_____
　　正常 □　　不正常 □

（2）启动发动机,观察仪表上的充电指示灯 🔋：_____
　　正常 □　　不正常 □

2. 故障现象的判断
（1）根据蓄电池启动前后电压的情况判断故障：_____
　　A. 不充电　B. 充电电流过大　C. 充电电流过小　D. 充电电流不稳
　　E. 交流发电机异响　F. 充电指示灯故障

3. 故障的原因分析

4. 电路分析
根据实训车维修电路图,写出充电指示灯电路路径。
蓄电池"＋"→_____→_____→_____→_____→_____→
_____→_____→_____→发电机内部搭铁→蓄电池"－"

5. 线路检测
（1）IG 线的检测。
拔下发电机线路控制插头,点火开关处于 ON,用万用表测量 IG 点电压：_____
　　正常 □　　不正常 □

(2) B线的检测。

不启动发动机,用万用表测量蓄电池"+"端电压:_____

正常 □　　不正常 □

启动发动机,用万用表测量蓄电池"+"端电压:_____

正常 □　　不正常 □

6. 故障诊断与排除步骤

(1) 参考下图的检修思路,结合实训车故障及爱丽舍轿车电路图进行检修。

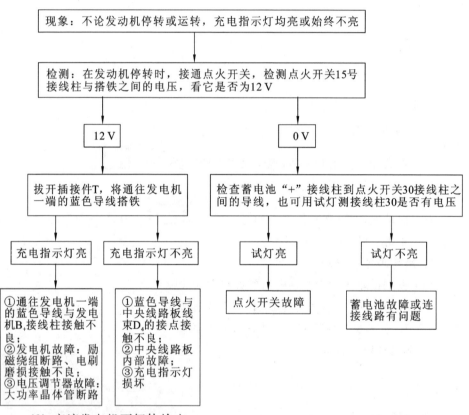

(2) 交流发电机不解体检查。

当把发电机从车上拆下后,在解体前应用万用表检测发电机上各接线柱之间的阻值,以初步判断故障的大概位置。记录发电机类型和各接线柱之间的阻值(欧姆)。

发电机类型	F与E	B(+)与F		N与E(或B+)	
		正	反	正	反

分析测量结果：_____

（3）记录故障排除过程。

_____

_____

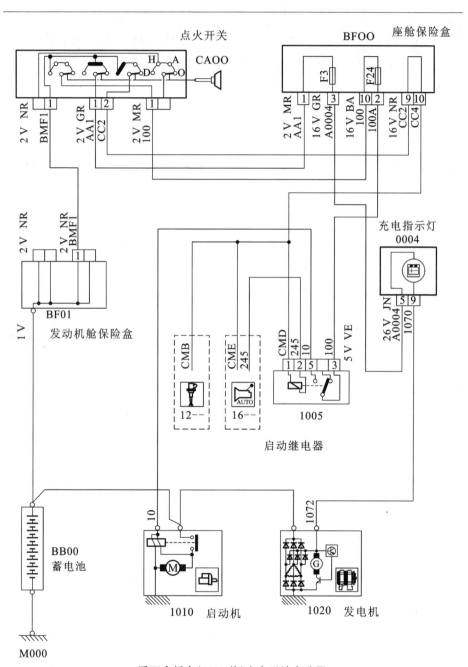

爱丽舍轿车(2011 款)充电系统电路图

评 估

考评分项与分值	实操考评20分		素质考评50分				工单考评30分
	劳动纪律10分	5S管理10分	任务方案10分	工具使用10分	实施过程20分	完成情况10分	
自我评估							
组长评估							
教师评估							
综合评估							

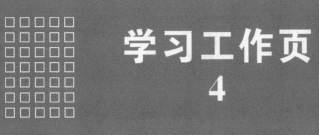

姓名		学号		学时		成绩	
日期		地点		指导教师			
任务名称	启动机的拆装与检测						
任务目标	(1)能正确识别各种类型的启动机； (2)能正确叙述启动机的结构和工作原理； (3)能正确使用工具对启动机进行拆装； (4)能正确使用数字万用表对启动机进行检测,并能准确判断启动机的技术性能。						
设备、工具准备	启动机、维修手册、数字万用表、常用拆装工具、拉马、直尺、细砂纸。						
信息获取	启动机类型：_____。						

学习准备

1. 阅读教材或查阅资料,写出启动机解体图中各代号指示的各部件的名称。

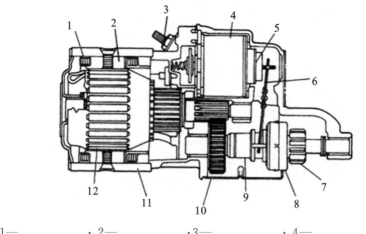

1—_____；2—_____；3—_____；4—_____；
5—_____；6—_____；7—_____；8—_____；
9—_____；10—_____；11—_____；12—_____。

2. 启动机型号识别（说明其意义）

QD124

序号	代表的含义
QD	
1	
2	
4	

3. 直流电动机由_____、_____、_____、_____与_____等组成。

4. 电枢总成用来产生_____，磁极用来产生_____，电刷与电刷架是将_____引入电枢，使电枢产生连续运动的装置。

5. _____是启动机转轴与驱动齿轮之间传递力矩的装置。它的作用是：_____。

6. 电磁操纵机构主要由_____、_____、_____、_____等组成。

7. 如果出现启动运转无力，首先检查_____。如果无问题，则应拆检_____，首先检查_____的接触情况，其次检查_____和_____。

8. 阅读教材或查阅资料,写出图中各代号指示的各部件的名称。

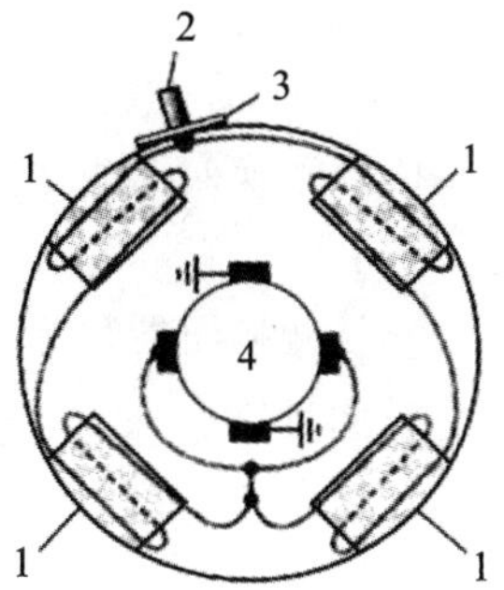

1—_____;

2—_____;

3—_____;

4—_____。

图中电动机的类型:_____;汽车用启动电动机类型:_____。

该类型电动机的特点:_____。

并联式启动电动机的特点:_____。

计划与实施

一、计划

对小组成员进行合理分工,制订详细的工作任务计划。

人员分配	
时间安排	
工作步骤	
设备和工具	

二、实施

1. 启动机的解体

记录解体步骤:

2. 启动机的检测

1) 直流电动机的检查

(1) 转子的检查。

① 目测换向器表面是否出现异常磨损和脏污。

         有 □   无 □

② 目测换向器片绝缘槽深度。

  测量值：_____ 正常 □ 小于极限值 □

③ 转子绕组断路的检查。

  测量值：_____ 正常 □ 断路 □

④ 转子绕组绝缘检查。

  测量值：_____ 正常 □ 不绝缘 □

(2) 定子的检查。

① 定子绕组断路检查。

测量点	电刷引线(A组)的两根引线与引线间的电阻	电刷引线(B组)的两根引线与引线间的电阻	电刷引线(A组)和启动机磁轭间的电阻
测量值			
正常			
短路			
断路			

② 定子绕组绝缘检查(串励式)。

  测量值：_____ 正常 □ 不绝缘 □

(3) 电刷组件的检查。

① 目测电刷是否有异常磨损。

         有 □   无 □

② 用手按压各弹簧，检查弹力是否一致。

         一致 □   不一致 □

③ 电刷长度的检查。

  测量值：_____ 正常 □ 小于极限值 □

2) 操纵机构的检查

(1) 电磁开关保持线圈的检查。

  测量值：_____ 正常 □ 短路 □ 断路 □

(2) 电磁开关吸拉线圈的检查。

  测量值：_____ 正常 □ 短路 □ 断路 □

(3) 用手压下电磁开关移动铁芯,检查主接柱是否导通。

　　　　　　　　　导通 □　　　　不导通 □

3）传动机构的检查

(1) 目测各传动部件是否有损坏。

　　　　　　　　　有 □　　　　　无 □

(2) 单向离合器的检查。

　　　　　　　　　正常 □　　　　打滑 □

3. 启动机的装复及检验

(1) 启动机性能的检查包括：_____、_____、_____、_____、_____。

(2) 记录启动机性能测试的工作步骤。

评　　估

考评分项与分值	实操考评20分		素质考评50分				工单考评30分
	劳动纪律10分	5S管理10分	任务方案10分	工具使用10分	实施过程20分	完成情况10分	
自我评估							
组长评估							
教师评估							
综合评估							

学习工作页 5

姓名		学号		学时		成绩	
日期		地点		指导教师			
任务名称	启动系统故障检修						
任务目标	(1) 能正确叙述启动系统的结构和工作原理； (2) 掌握启动系统线路的检测方法和步骤。						
设备、工具准备	启动机、维修手册、数字万用表、常用拆装工具。						
信息获取	车型：_____；启动机类型：_____。						

学 习 准 备

1. 阅读教材或查阅资料，写出各代号指示的各部件的名称。

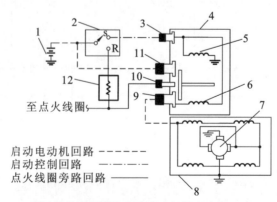

通过启动线圈操作启动电动机的电路原理图

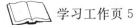

1—_____;2—_____;3—_____;4—_____;
5—_____;6—_____;7—_____;8—_____;
9—_____;10—_____;11—_____;12—_____。

说明图中各端子的含义及作用：

S 端子：_____；

B＋端子：_____；

R 端子：_____；

M 端子：_____。

2．阅读教材或查阅资料，填写下列汽车点火开关直接控制的启动系统图中的各部件名称，并完成填空题。

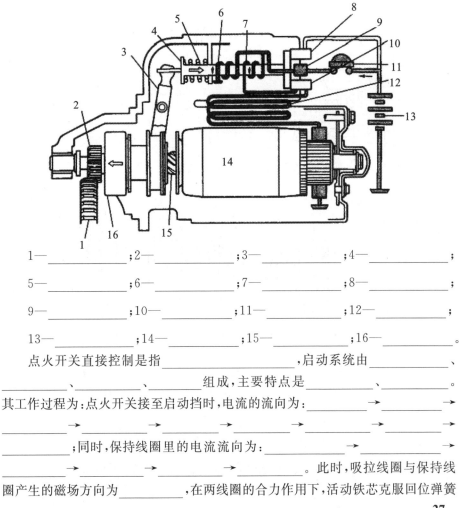

1—_____;2—_____;3—_____;4—_____;
5—_____;6—_____;7—_____;8—_____;
9—_____;10—_____;11—_____;12—_____;
13—_____;14—_____;15—_____;16—_____。

点火开关直接控制是指_____，启动系统由_____、_____、_____、_____组成，主要特点是_____、_____。

其工作过程为：点火开关接至启动挡时，电流的流向为：_____→_____→_____→_____；同时，保持线圈里的电流流向为：_____→_____→_____→_____→_____。此时，吸拉线圈与保持线圈产生的磁场方向为_____，在两线圈的合力作用下，活动铁芯克服回位弹簧的弹力而被吸入。拨叉将启动驱动齿轮推出使其与飞轮齿圈啮合。接触盘将_____与_____接通,蓄电池便向励磁绕组和电枢绕组供电,产生正常的转矩,带动启动机转动。与此同时,_____被短路,由_____来保持啮合齿圈的位置。

启动结束后,松开点火开关,此时,由于磁滞后与机械的滞后性,活动铁芯不能立即复位,端子 C 与端子 30 仍保持接通状态,电流流向为:_____→_____→_____→_____→_____→_____→_____;由于吸拉线圈与保持线圈产生的磁场方向为_____,两个线圈的磁场相互_____,在复位弹簧的作用下,活动铁芯复位,驱动齿轮在_____的作用下退出啮合。

3. 阅读教材或查阅资料,填写下列汽车带复合启动继电器的启动系统图中的各部件名称,并完成填空题。

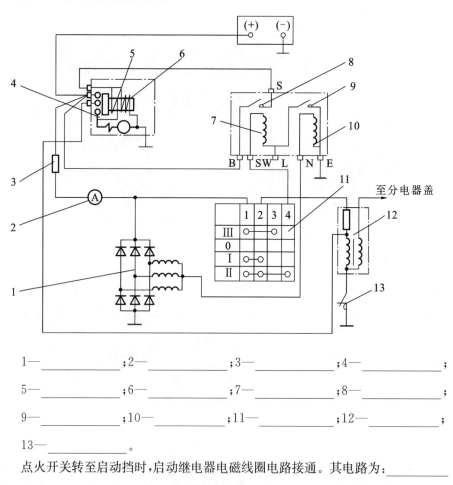

1—_____;2—_____;3—_____;4—_____;
5—_____;6—_____;7—_____;8—_____;
9—_____;10—_____;11—_____;12—_____;
13—_____。

点火开关转至启动挡时,启动继电器电磁线圈电路接通。其电路为:_____→_____→_____→_____→_____→_____

_____→_____。启动继电器触电闭合,接通吸拉线圈和保持线圈电流通路,启动机开始工作。

发动机发动后,发电机建立电压,其中性点同时有一定数值的电压对_____继电器线圈供电。其电路为:_____→_____→_____→_____→_____→_____→_____→_____→_____。

保护继电器的作用是:在发动机正常工作后,发电机中性点电压达到_____,使保护继电器触点_____,启动机便不会再工作;在防盗系统中,启动控制电路还串联有_____,只有在其闭合的前提下,启动机才可以通电运转。

计划与实施

一、计划

对小组成员进行合理分工,制订详细的工作任务计划。

人员分配	
时间安排	
工作步骤	
设备和工具	

二、实施

1. 启动系统故障检修

(1)记录故障现象:_____
_____。

(2)查阅相关资料,完成下列题目。

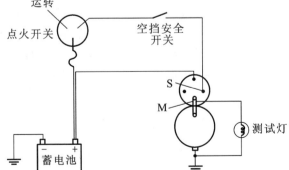

① 该图是用来测试_____故障的。
② 简述利用该电路测试故障时的详细步骤。

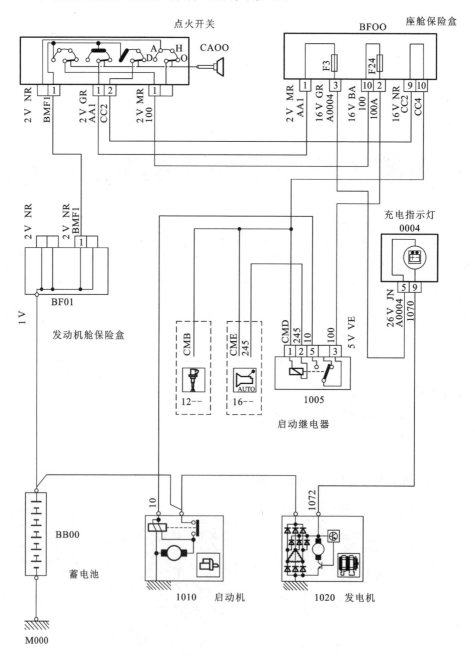

爱丽舍轿车(2011款)启动/电源系统电路图

(3) 结合故障现象及实训车启动/电源系统电路图,分析故障原因。

(4) 识读电路图,制订故障诊断方案。

(5) 记录检测结果。

(6) 写出故障排除的方法,并排除故障。

评　　估

考评分项与分值	实操考评 20 分		素质考评 50 分				工单考评 30 分
	劳动纪律 10 分	5S 管理 10 分	任务方案 10 分	工具使用 10 分	实施过程 20 分	完成情况 10 分	
自我评估							
组长评估							
教师评估							
综合评估							

学习工作页 6

姓名		学号		学时		成绩	
日期		地点		指导教师			
任务名称	电动后视镜和电动车窗系统故障检修							
任务目标	（1）了解电动后视镜和电动车窗的构造及功用； （2）掌握电动后视镜和电动车窗的控制与工作原理； （3）掌握电动后视镜和电动车窗常见故障的诊断及维修。							
设备、工具准备	电动车窗、电动后视镜、维修手册、数字万用表、车门专用拆装工具。							
信息获取	车型：_____；电动车窗类型：_____； 电动后视镜类型：_____。							

学 习 准 备

1. 写出"驾驶员侧电动车窗控制开关图"中各标号开关的名称。

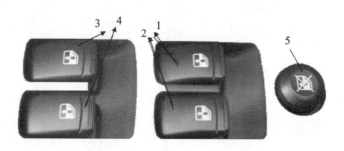

1—_____;2—_____;3—_____;
4—_____;5—_____。

2. 写出"交叉臂式电动车窗玻璃升降器图"中各标号开关的名称,并完成填空题。

1—_____;

2—_____;

3—_____;

4—_____;

5—_____;

6—_____。

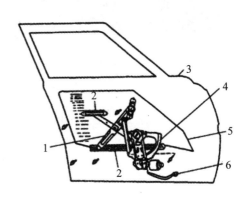

实训车的电动车窗升降器采用的是_____式电动车窗玻璃升降器。

3. 电动车窗电路图的识读。

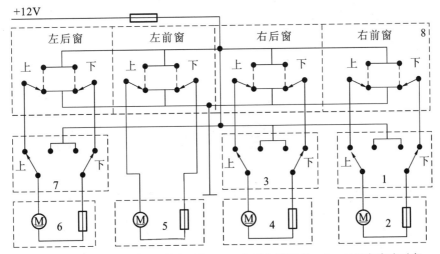

1—右前车窗开关;2—右前车窗电动机;3—右后车窗开关;4—右后车窗电动机;
5—左前车窗电动机;6—左后车窗电动机;7—左后车窗开关;8—驾驶员主控开关组件

(1) 在图中用箭头"→"标出左后窗中央开关控制车窗升起时的电流路径。

(2) 在图中用三角"△"标出右后窗车门开关控制车窗降下时的电流路径。

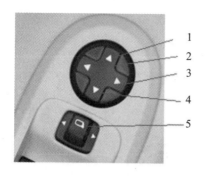

4. 写出右侧"电动后视镜控制开关"图中各标号开关的名称。

1—_____;2—_____;

3—_____;4—_____;

5—_____。

5. 读图,并完成填空题。

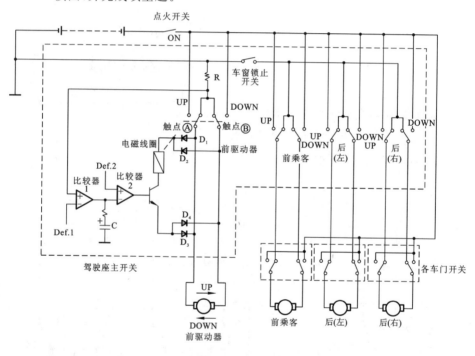

此电路图是具有_____功能的电动车窗的控制电路。

当把按钮按向 UP 侧时,玻璃上升,电阻 R 上的电压_____参考电压1,因此电压比较器1输出_____;此电压_____参考电压2,电压比较器2输出_____三极管 VT _____;触点1结合,其电流路径为:_____→_____→_____→_____→_____→_____→_____→_____→_____→_____→_____→_____。上升至终点位置时,电动机锁止电流流动,电阻 R 上的压降_____。当此电压_____参考电压1时,电压比较器1输出_____,电容 C _____;当电压_____参考电压2时,电压比较器2输出_____三极管 VT _____;触点1断开。

6. 下图是丰田皇冠轿车可伸缩式电动后视镜的控制系统电路,试分析该图,完成填空题。

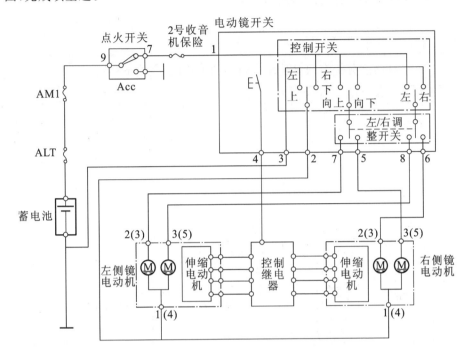

在调整时,先通过_____选择要调整的后视镜,进行向上调整时,可将开关推向上侧,此时开关分别与_____触点、_____触点结合,电流由电源正极→_____→_____→_____→_____→_____→_____→_____→_____→_____→_____→_____→电源负极,完成调整。

计划与实施

一、计划

对小组成员进行合理分工,制订详细的工作任务计划。

人员分配	
时间安排	
工作步骤	
设备和工具	

二、实施

(1) 记录电动车窗升降器故障现象。

(2) 仔细阅读分析雪铁龙爱丽舍轿车的电路图,完成下列题目。

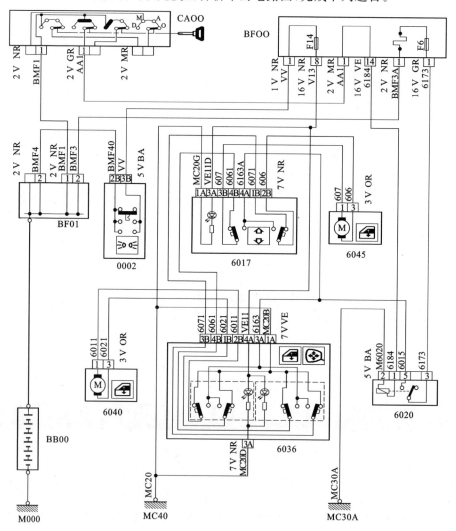

爱丽舍轿车(2011款)前窗升降器电路图

① 该图是爱丽舍＿＿＿＿＿＿的电路原理图;

② 该图中有保险丝＿＿＿＿和＿＿＿＿,分别保护＿＿＿＿和＿＿＿＿电路;该图中继电器为＿＿＿＿,它是用来保护＿＿＿＿电路的。

③ 图中6040是左前车窗升降电动机,6045是右前车窗升降电动机,那么6017是_____升降开关,6036是_____升降开关。

④ 在图中用"→"标出左前车窗升起的电流路径。

(3) 结合实物及电动车窗台架电路原理图,分析故障原因。

(4) 识读电路图,制订故障诊断方案。

(5) 记录检测结果。

(6) 写出故障排除的方法,并排除故障。

评　估

考评分项与分值	实操考评20分		素质考评50分				工单考评30分
	劳动纪律10分	5S管理10分	任务方案10分	工具使用10分	实施过程20分	完成情况10分	
自我评估							
组长评估							
教师评估							
综合评估							

学习工作页 7

姓名		学号		学时		成绩	
日期		地点		指导教师			
任务名称	电动雨刮及洗涤系统故障检修							
任务目标	（1）了解电动雨刮及洗涤系统的构造及功用； （2）掌握电动雨刮及洗涤系统常见故障的诊断及维修。							
设备、工具准备	电动雨刮、维修手册、数字万用表、仪表板专用拆装工具。							
信息获取	车型：_____。							

学习准备

1. 请指出下列组合开关各符号所代表的含义与相应操作。

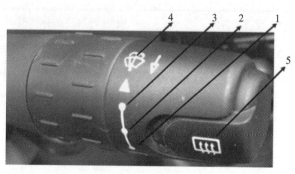

1—_____；2—_____；3—_____；
4—_____；5—_____。

2. 阅读教材或查阅资料,填写汽车永磁式风窗雨刮主体解体图中的各部件名称。

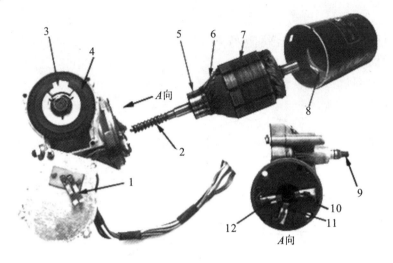

1—_____;2—_____;3—_____;4—_____;
5—_____;6—_____;7—_____;8—_____;
9—_____;10—_____;11—_____;12—_____。

3. 阅读教材或查阅资料完成下列填空。

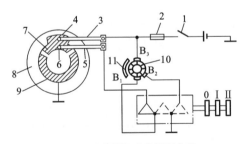 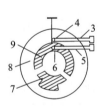

(a)雨刮回位时的铜环位置　　　　　　(b)雨刮未回位时的铜环位置

1—电源开关;2—熔丝;3、5—触点臂;4、6—触点;7、9—铜环;8—蜗轮;10—电枢;11—永久磁铁;B$_1$～B$_3$—电刷

当雨刮开关处于1挡时,电流从蓄电池正极→_____→_____→_____→_____→_____→_____→_____→蓄电池负极,_____运转。

当雨刮开关处于2挡时,电流从蓄电池正极→_____→_____→_____→_____→_____→_____→_____→蓄电池负极,_____运转。

当雨刮开关退回0挡时,如果雨刮没有复位,则触点与_____接触,电流继续流入电枢。其电路为:蓄电池正极→_____→_____→_____→_____→_____→_____→_____→蓄电池负极,此时电动机低速运转,蜗轮旋转到规定位置,即_____和_____接触,电动机停转。

4. 填写风窗玻璃洗涤器图中各标号开关的名称。

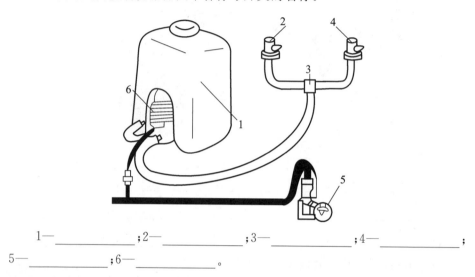

1—_____;2—_____;3—_____;4—_____;
5—_____;6—_____。

计划与实施

一、计划

对小组成员进行合理分工,制订详细的工作任务计划。

人员分配	
时间安排	
工作步骤	
设备和工具	

二、实施

(1) 记录汽车雨刮及风窗清洗装置的故障现象。

(2) 仔细阅读分析雪铁龙爱丽舍轿车的电路图,完成下列题目。

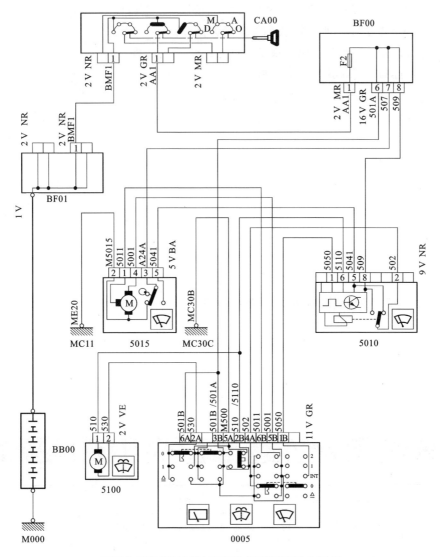

爱丽舍轿车(2011 款)前雨刮/前风窗清洗电路图

① 该图是爱丽舍_____的电路原理图。

② 该图中有保险丝_____,它是保护_____电路的;该图中继电器为_____,它是用来保护_____电路的。

③ 该图中雨刮电机的标号是_____,它是_____类型的雨刮电动机;喷水电动机的标号是_____。

④ 0005 是一个组合开关,它能控制_____、_____和_____电动机的工作。

⑤ 根据检测的数据,分析电路,用箭头"→"标出低速挡电流路径。
(3) 电动雨刮及前风窗清洗装置的故障分析及电路检测。
① 找到控制雨刮保险,检测保险是否良好:_____。
② 检测前窗雨刮电路线束是否良好:_____。
③ 检测 MC11 搭铁是否良好:_____。
(4) 识读电路图,制订故障诊断方案。

(5) 记录检测结果。

(6) 写出故障排除的方法,并排除故障。

评　　估

考评分项与分值	实操考评 20 分		素质考评 50 分				工单考评 30 分
	劳动纪律 10 分	5S 管理 10 分	任务方案 10 分	工具使用 10 分	实施过程 20 分	完成情况 10 分	
自我评估							
组长评估							
教师评估							
综合评估							

学习工作页 8

姓名		学号		学时		成绩	
日期		地点		指导教师			
任务名称	无触点点火系统故障检修							
任务目标	(1) 了解火花塞、分电器、点火器、点火线圈的结构； (2) 掌握火花塞、分电器、点火器、点火线圈的常见故障； (3) 掌握火花塞、分电器、点火器、点火线圈的检修。							
设备、工具准备	富康台架、威驰台架、数字万用表、塞尺、传统点火器部件。							
信息获取	车型：_____。							

学习准备

1. 点火系统应在发动机各种_____和使用条件下，保证点燃混合气。为此，点火装置应满足下列三个基本要求：

(1) _____；

(2) _____；

(3) _____。

2. 请结合实训车，指出点火系统各部件的分布位置。填写图中各标号对应的各部件名称。

汽车电器设备与维修学习工作页

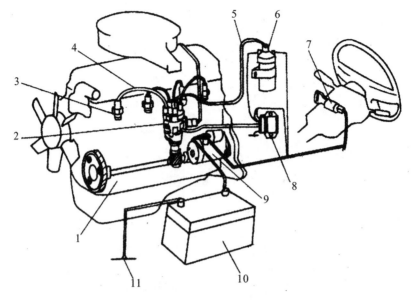

1—_____;2—_____;3—_____;4—_____;
5—_____;6—_____;7—_____;8—_____;
9—_____;10—_____;11—_____。

3. 下图是传统点火系统工作原理图,阅读教材或查阅资料完成下列题目。

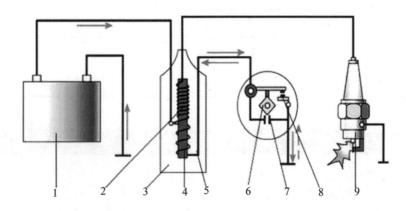

(1) 写出图中各标号元件的名称。

1—_____;2—_____;3—_____;4—_____;
5—_____;6—_____;7—_____;8—_____;
9—_____。

(2) 写出下列元件的作用。

电源：_____；点火开关：_____；

点火线圈：_____；断电-配电器_____；

离心式点火提前角调节装置：_____；

真空式点火提前角调节装置：_____；

高压导线：_____；火花塞：_____；

附加电阻：_____。

(3) 在传统点火系统中，蓄电池或_____供给_____的低电压，经_____和_____转变为高电压，再经过_____分送到_____使电极间产生电火花。

发动机工作时，_____的轴连同凸轮轴一起旋转。转动时，交替闭合和打开，因此传统点火系统的工作过程可以分为_____、_____、_____三个阶段。

4. 阅读教材或查阅资料，分别写出下列点火线圈和火花塞各标号对应的各部件名称并完成填空题。

(a) 点火线圈　　　　　　　　(b) 火花塞

(1) 二接线柱式点火线圈的各部件名称。

1—_____；2—_____；3—_____；4—_____；

5—_____；6—_____；7—_____；8—_____；

9—_____;10—_____。

(2) 火花塞各部件名称。

1—_____;2—_____;3—_____;4—_____;

5—_____;6—_____;7—_____;8—_____;

9—_____;10—_____。

(3) 图中所示点火线圈是_____磁路式,也是_____接线柱式,因为一次线圈的电流_____(大、小),所以一次线圈在二次线圈的_____(外面、里面)便于散热;三接线柱式点火线圈比二接线柱式点火线圈多一个接线柱,用来连接_____;二接线柱式点火线圈没有_____,而用一根导线接至点火开关,这根导线是一根_____电阻线,称为_____电阻线。点火线圈附加电阻是具有_____温度系数的热敏电阻,它与点火线圈的_____绕组串联;发动机低速工作时,一次电流_____(大、小),附加电阻受热量_____(大、小),阻值变_____(大、小),避免一次绕组过热;发动机高速工作时,一次电流_____(大、小),阻值变_____(大、小),使一次电流增大,保证足够的二次电压。

(4) 能够在火花塞两电极之间产生电火花所需要的最低电压称为_____。它的值与_____、_____、_____有关。发动机工作时,火花塞发火部位吸收热量并散发的性能称为_____,火花塞正常工作的裙部温度为_____度,称为_____温度。

计划与实施

一、计划

对小组成员进行合理分工,制订详细的工作任务计划。

人员分配	
时间安排	
工作步骤	
设备和工具	

二、实施

1. 火花塞电极间隙的检查与调整

火花塞电极间隙应采用圆形量规测量,不宜使用厚薄规测量,因为当侧电极上有凹坑时,厚薄规不能测量出真实间隙值。火花塞间隙不当时,应用特制的测量工具弯曲侧电极进行调整。

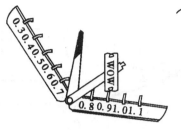  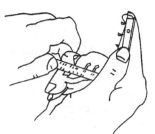

(a) 测量调整用工具　　(b) 调整火花塞间隙　　(c) 测量火花塞间隙

使用塞尺测出火花塞间隙为_____

正常 □　　不正常 □

2. 点火线圈的检测

(1) 检查初级绕组电阻。

用万用表电阻挡测量"＋"与"－"端子间的电阻_____

正常 □　　不正常 □

(2) 检查次级绕组电阻。

用万用表电阻挡测量"＋"与中央高压端子间的电阻_____

正常 □　　不正常 □

(3) 检查电阻器的电阻。

用万用表直接接于电阻器的两端子上_____

正常 □　　不正常 □

3. 分电器的检测

(1) 触点表面有无烧蚀：有 □　没有 □

若有烧蚀,应如何处理：用细砂纸打磨 □　用细锉修磨 □　更换 □

(2) 活动触点与固定触点中心线是否重合：重合 □　不重合 □

4. 配电器的检测

(1) 检查分电器盖的绝缘状况。

万用表置于 $R\times 10$ kΩ 挡,分电器中央插孔与各旁电极插孔之间的电阻应大于 50 kΩ,否则分电器有裂纹或积污,应清洁或更换。

实际测量值_____　正常 □　　不正常 □

(2) 检查分火头的绝缘状况。

用下页图(a)所示方法检查时电阻应大于 50 kΩ,或将分火头放在机体上,将分电器中央高压线距分火头 3~4 mm。触点分开时若有火花为分火头漏电,应更换。

实际测量电阻值_____　正常 □　　不正常 □

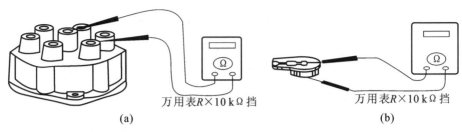

(a)　　　　　　　　　　　　(b)

5. 点火模块的检测

点火模块接线柱电压	1
	2
	3
	4

6. 结合富康轿车与威驰轿车电器台架,观察点火系统结构,说明两种点火系统的点火方式及主要特点。

	富康轿车点火系统	威驰轿车点火系统
点火方式		
主要特点		

评　估

考评分项与分值	实操考评20分		素质考评50分				工单考评30分
	劳动纪律10分	5S管理10分	任务方案10分	工具使用10分	实施过程20分	完成情况10分	
自我评估							
组长评估							
教师评估							
综合评估							

学习工作页 9

姓名		学号		学时		成绩	
日期		地点		指导教师			
任务名称	微机控制点火系统故障检修							
任务目标	**知识目标：** （1）掌握微机控制式点火系统的组成和工作原理； （2）掌握使用示波器测量次级电压波形的方法； （3）掌握微机控制无分电器单独点火系统的故障检修方法。 **能力目标：** （1）能根据次级电压波形分析故障原因； （2）能够排除汽车点火系统的常见故障。							
设备、 工具准备	实训车、维修手册、汽车专用示波器、数字万用表。							
信息获取	车型：_____；发动机点火系统的类型_____。							

学习准备

1. 参照下列微机控制点火系统的组成和工作原理图，并完成填空题。

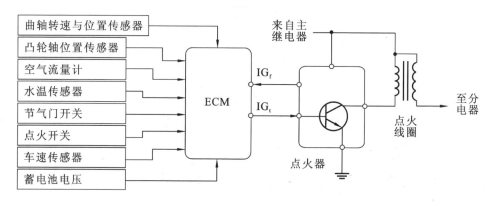

(1) 微机控制点火系的组成。

微机控制点火系主要由 _____、_____ 和 _____ 三部分组成。

(2) 微机控制点火系的工作原理。

传感器是用来 _____ 的装置。

发动机运行时,ECU 不断 _____,并与微机内存储器中预先存储的最佳控制参数进行比较,确定出该工况下最佳点火提前角和初级线路的最佳导通时间,并以此向发出指令。

点火控制模块根据 ECU 的点火指令,控制 _____。当电路导通时,有电流从点火线圈中的初级线圈流过,点火线圈此时将点火能量以磁场的形式储存起来。反之电流被切断时,次级线圈中产生 _____,送到工作汽缸的火花塞,点火能量被瞬间释放,并迅速点燃汽缸内的混合气,发动机完成做功过程。

2. 对照富康 988 汽车发动机 TU3 电子点火系统基本原理电路图,说明其点火方式,并简述其工作特点。

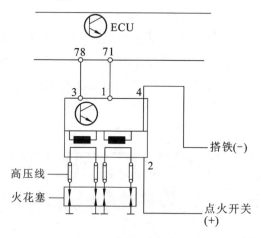

3. 点火波形分析。

(1) 如图所示为传统点火系统在一个点火周期内的次级电压随时间的变化关系,把它分成 4 个区段。

① 跳火区 A:断电器触点打开,初级电路电流陡然下降,由于电磁感应次级绕组中产生 15~20 kV 的高压,火花塞间隙被击穿,称为_____电压(峰值电压)U_p 一般为 8~15 kV。

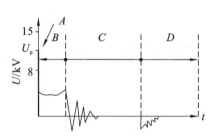

次级电压随时间的变化关系

② 燃烧区 B:火花塞间隙被击穿,致使火花塞间隙中可燃气体粒子发生电离,引起弧光放电,次级点火电压便随之下降,并维持火花塞电极放电所要求的一定电压,使汽缸内的混合气体迅速燃烧。此阶段电压约为峰值电压 U_p 的 1/4,持续时间在 0.8~2.4 ms。

③ 振荡区 C:当保持火花塞放电的能量消耗完毕时,电弧中断。这时点火线圈中的残余能量通过初级绕组与电容之间形成的 LC 振荡电路衰减完毕(第 1 次振荡)。此阶段一般有 3~5 个振荡波。

④ 闭合区 D:闭合瞬间点火线圈的初级电路有电流通过,产生自感电压,相应地在次级电路中产生一个逆电压(1.5~2 kV),并产生振荡(第 2 次振荡)。

(2) 根据点火波形分析点火系统的故障原因。

不正常的点火 (次级电压波形)	故障原因	不正常的点火 (次级电压波形)	故障原因
击穿电压和火花线都太低		完全没有高压击穿和火花线	

续表

不正常的点火 （次级电压波形）	故障原因	不正常的点火 （次级电压波形）	故障原因
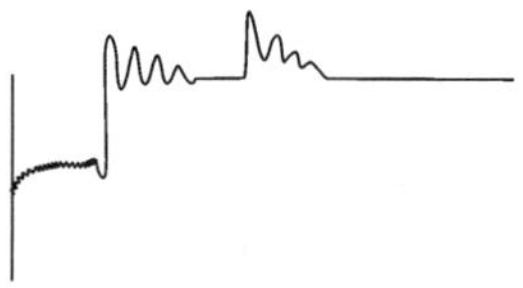 整个次级电压波形上下颠倒		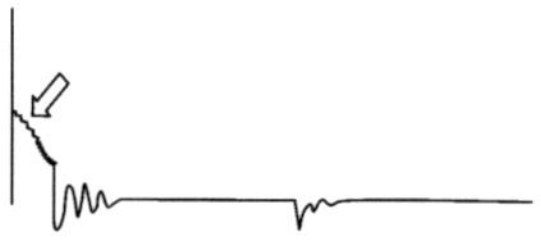 火花线变短，很快熄灭	

计划与实施

一、计划

对小组成员进行合理分工，制订详细的工作任务计划。

人员分配	
时间安排	
工作步骤	
设备和工具	

二、实施

1. 无分电器的微机控制点火系统高压不跳火的故障诊断与排除

（1）发动机点火系统个别汽缸高压线不跳火故障原因分析。

① 曲轴位置传感器故障分析。

② 点火线圈故障分析。

③ 发动机 ECU 故障分析。

④ 点火器故障分析。

(2) 点火系统各组件的故障检测。
① 曲轴位置传感器的检测。
a. 诊断仪检测,读取故障码,读取数据流。

b. 电阻法检测。

c. 电压法检测。

d. 示波器检测。

② 点火线圈的检测。

③ 火花塞的检测。

(3) 记录点火系统故障排除的过程及方法。

2. 次级电压波形的测量
(1) 确认被测试车辆发动机的点火方式:＿＿＿＿＿＿＿＿＿＿＿＿＿＿＿＿＿。
(2) 如下图所示为双头点火方式 KT600 示波器的连接方式。
在包装箱中找出一缸信号夹和两个容性感应夹,一缸信号夹一端接 KT600

的 CH5 端口,信号夹夹住发动机一缸的高压线,请查看信号夹上有"此面朝向火花塞",注意不要夹反;查看点火线圈的极性,假设一侧是正,那么另一侧肯定为负,相同侧的极性相同,共用同一个容性夹,连接方法如下图所示。

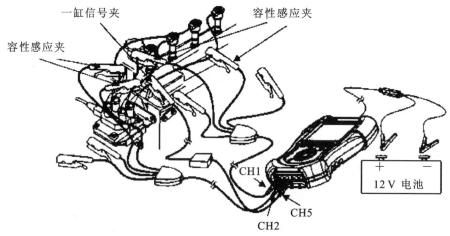

(3) 将汽车专用示波器与发动机点火系统正确连接,用示波器将次级点火波形提前,并画出你所提到的波形。

评 估

考评分项与分值	实操考评20分		素质考评50分				工单考评30分
	劳动纪律10分	5S管理10分	任务方案10分	工具使用10分	实施过程20分	完成情况10分	
自我评估							
组长评估							
教师评估							
综合评估							

学习工作页 10

姓名		学号		学时		成绩	
日期		地点		指导教师			
任务名称	前照灯故障检修						
任务目标	知识目标： (1) 知道汽车照明系统在车上的安装位置； (2) 熟悉汽车照明系统的作用、组成及控制； (3) 掌握汽车照明系统常见故障的检测方法。 能力目标： (1) 能够分析汽车照明系统的系统电路图； (2) 能够排除汽车照明系统的常见故障。						
设备、 工具准备	实训车/台架、维修手册、全车电器电路图、数字万用表、跨接线。						
信息获取	车型：_____。						

学习准备

1. 在下图方框中,写出汽车照明系统前、后组合灯各灯的名称。

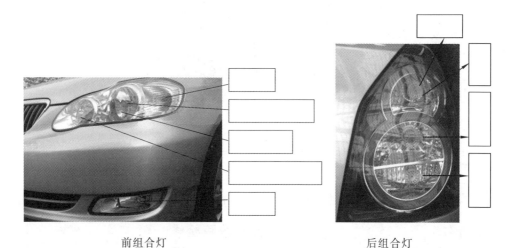

前组合灯　　　　　　　　　　　　后组合灯

2. 在下列灯光开关图片中,请写出各方框或标号对应开关所控制的灯。

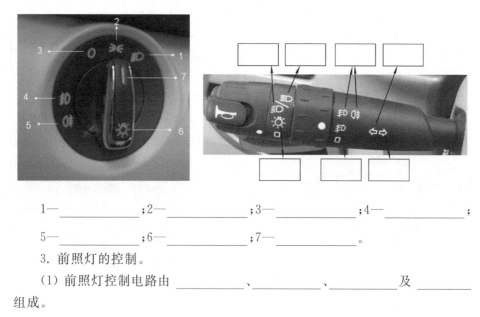

1—_____;2—_____;3—_____;4—_____;
5—_____;6—_____;7—_____。

3. 前照灯的控制。

(1) 前照灯控制电路由_____、_____、_____及_____组成。

(2) 以桑塔纳 2000 轿车为例,阅读教材,请介绍汽车照明系统控制电路的特点。

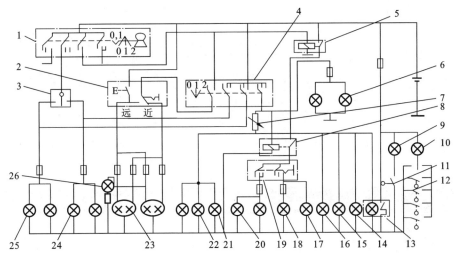

1—停车灯开关;2—变光和超车灯开关;3—小灯开关;4—车灯开关;5—中间继电器;6—牌照灯;7—调光器;8—雾灯继电器;9—行李箱灯;10—前顶灯;11—行李箱灯门控开关;12—前顶灯门控开关;13—点烟器照明灯;14—雾灯开关照明灯;15—后风窗除霜器开关照明灯;16—空调开关照明灯;17—雾灯指示灯;18—后雾灯;19—前、后雾灯开关;20—前雾灯;21—仪表灯;22—时钟照明灯;23—前照灯;24—右前后小灯;25—左前后小灯;26—远光指示灯

前照灯 23 的控制电路的特点:

前雾灯 20 的控制电路的特点:

后雾灯 18 的控制电路的特点:

4. 前照灯的检测

(1) 前照灯的检测是对前照灯光束的 _____ 和 _____(发光强度)进行检验。目前的检验方法有两种,即 _____ 和 _____。

(2) 请简述屏幕检测法的操作步骤。

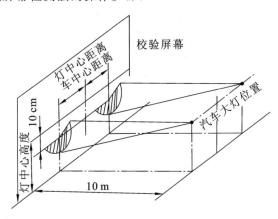

计划与实施

一、计划

对小组成员进行合理分工,制订详细的工作任务计划。

人员分配	
时间安排	
工作步骤	
设备和工具	

二、实施

1. 观察帕萨特轿车,确认灯光开关的位置。

2. 帕萨特轿车灯的识别。

在汽车上找到以下车灯位置,找到后在"( )"内打"√"。

近光灯(　　)　　远光灯(　　)　　前小灯(　　)　　前雾灯(　　)

后雾灯(　　)　　转向灯(　　)　　制动灯(　　)　　倒车灯(　　)

前后示宽灯(　　)　　危险报警灯(　　)

3. 打开灯光开关,观察开关的作用。

在汽车上找到以下灯光开关和指示灯的位置,找到后在"( )"内打"√"。

制动灯开关(　　)　　远近光开关(　　)　　转向灯开关(　　)

阅读灯开关(　　)　　门控开关(　　)　　远光指示灯(　　)

转向指示灯(　　)　　雾灯指示灯(　　)

4. 前大灯故障检修。

(1) 记录故障现象。

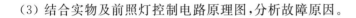

（2）查阅维修手册，识读全车电器电路图，画出前大灯控制电路原理图。

（3）结合实物及前照灯控制电路原理图，分析故障原因。

（4）识读电路图，制订故障诊断方案。

（5）记录检测结果。

（6）写出故障排除的方法，并排除故障。

5．雾灯故障检修。

（1）记录故障现象。

(2) 查阅维修手册, 识读全车电器电路图, 画出雾灯控制电路原理图。

(3) 结合实物及雾灯控制电路原理图, 分析故障原因。

(4) 识读电路图, 制订故障诊断方案。

(5) 记录检测结果。

(6) 写出故障排除的方法, 并排除故障。

评　　估

考评分项与分值	实操考评 20 分		素质考评 50 分				工单考评 30 分
	劳动纪律 10 分	5S 管理 10 分	任务方案 10 分	工具使用 10 分	实施过程 20 分	完成情况 10 分	
自我评估							
组长评估							
教师评估							
综合评估							

学习工作页 11

姓名		学号		学时		成绩	
日期		地点		指导教师			
任务名称	汽车信号系统故障检修							
任务目标	**知识目标：** （1）知道汽车信号系统在车上的安装位置； （2）熟悉汽车信号系统的作用、组成及控制； （3）掌握汽车信号系统常见故障检测方法。 **能力目标：** （1）能够分析汽车信号系统的系统电路图； （2）能够排除汽车信号系统的常见故障。							
设备、 工具准备	实训车/台架、维修手册、全车电器电路图、数字万用表、跨接线。							
信息获取	车型：_____。							

学习准备

1. 阅读教材或查阅资料,请写出各信号灯工作时的主要特点及用途。

种类	外信号灯					内信号灯	
	转向灯	示宽灯	停车灯	制动灯	倒车灯	转向指示灯	其他指示灯
工作时的特点							
用途							

2. 转向灯与危险报警灯。

（1）转向信号系统主要由_____、_____、_____和_____等组成。

（2）阅读教材或查阅资料，结合下列无触点式晶体管闪光器的电路原理图，说明闪光器的工作原理及检测方法。

无触点式晶体管闪光器的电路原理图　　　　　危险报警信号电路图

（3）危险报警电路一般由_____、_____、_____等组成。

结合危险报警信号电路图，请说明危险报警灯的控制原理。

3. 制动信号灯。

（1）制动信号灯是与汽车制动系统同步工作的，它通常由_____控制，常见的制动信号灯开关类型有_____、_____和_____。

（2）请画出制动信号灯的简化电路图。

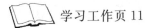

（3）结合实训车上的机械式制动开关示意图，请简要说明其控制过程。

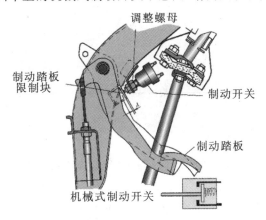

4. 在下列喇叭继电器电路图中，请写出各标号表示的器件名称，并说明采用喇叭继电器的优点及控制原理。

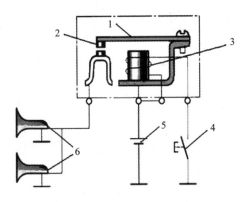

计划与实施

一、计划

对小组成员进行合理分工，制订详细的工作任务计划。

人员分配	
时间安排	
工作步骤	
设备和工具	

二、实施

1. 转向灯故障检修

(1) 观察帕萨特轿车,确认转向灯开关及危险报警灯开关位置;通过操作转向灯开关及危险报警灯开关打开各转向灯,记录各转向灯的工作状况。

左前转向灯_____　　正常 □　　不正常 □

左后转向灯_____　　正常 □　　不正常 □

右前转向灯_____　　正常 □　　不正常 □

右后转向灯_____　　正常 □　　不正常 □

(2) 记录故障现象:

(3) 识读全车电器电路图,分析转向灯电路。

涉及转向灯电路的熔断丝分别为_____;转向灯继电器的名称为_____;

左前转向灯开关端子编号为_____;左后转向灯开关端子编号为_____;

右前转向灯开关端子编号为_____;右后转向灯开关端子编号为_____。

(4) 转向灯电路熔断丝、继电器的检查,检查过程及结果描述:_____ _____。

(5) 用电压表检查转向灯开关端子的电压:_____

正常 □　不正常 □

用电压表检查转向灯端子的电压:_____

正常 □　不正常 □

(6) 通过对以上检查结果分析,得出结论并提出解决方案。

(7) 修复后检查转向灯、转向指示灯、危险报警灯是否正常,并做记录。

对转向灯的检修总结如下。

2. 制动灯故障检修
(1) 记录故障现象：

(2) 查阅维修手册，识读全车电器电路图，画出实训车制动灯的简化电路图。

(3) 结合实物及制动灯的简化电路图，分析故障原因。

(4) 制订故障诊断方案。

(5) 记录检测结果。

(6) 写出故障排除方法，并排除故障。

(7) 修复后检查制动灯是否正常，并做记录。

3. 倒车灯故障检修
(1) 记录故障现象：

（2）查阅维修手册,识读全车电器电路图,画出实训车倒车灯的简化电路图。

（3）结合实物及倒车灯的简化电路图,分析故障原因。

（4）制订故障诊断方案。

（5）记录检测结果。

（6）写出故障排除方法,并排除故障。

（7）修复后检查倒车灯是否正常,并做记录。

4. 喇叭故障检修
（1）记录故障现象：

（2）查阅维修手册,识读全车电器电路图,画出实训车电喇叭的简化电路图。

(3)结合实训车电喇叭的简化电路图,分析故障原因。

(4)制订故障诊断方案。

(5)记录检测结果。

(6)写出故障排除方法,并排除故障。

(7)修复后检查喇叭是否正常,并做记录。

评 估

考评分项与分值	实操考评20分		素质考评50分				工单考评30分
	劳动纪律10分	5S管理10分	任务方案10分	工具使用10分	实施过程20分	完成情况10分	
自我评估							
组长评估							
教师评估							
综合评估							

学习工作页 12

姓名		学号		学时		成绩	
日期		地点		指导教师			
任务名称	汽车仪表与报警系统故障检修						
任务目标	**知识目标：** （1）掌握仪表报警系统的组成及主要部件的作用及工作原理； （2）了解仪表、报警系统各主要部件在车上的安装位置； （3）了解仪表、报警系统通用符合的含义。 **能力目标：** （1）能熟练拆装仪表、报警系统各主要部件； （2）能够正确分析仪表系统的电路图； （3）能分析仪表报警系统故障的原因并排除故障。						
设备、工具准备	帕萨特全车电器实验台、维修手册、帕萨特电器电路图、数字万用表、跨接线。						
信息获取	车型：_____。						

学 习 准 备

1. 查阅资料，写出爱丽舍轿车组合仪表上各符号的含义和名称。

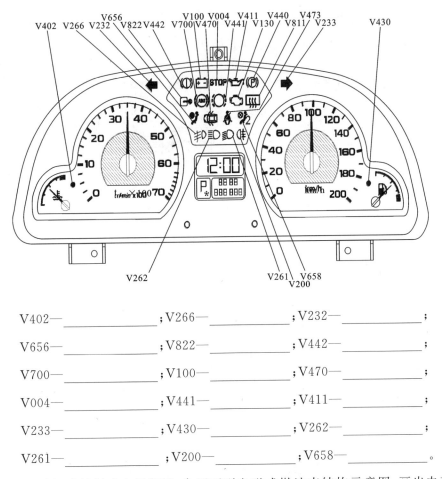

V402—_____;V266—_____;V232—_____;

V656—_____;V822—_____;V442—_____;

V700—_____;V100—_____;V470—_____;

V004—_____;V441—_____;V411—_____;

V233—_____;V430—_____;V262—_____;

V261—_____;V200—_____;V658—_____。

2. 请阅读教材或查阅资料,参照下列电磁式燃油表结构示意图,画出电磁式燃油表的等效电路,并说明电磁式燃油表的工作原理。

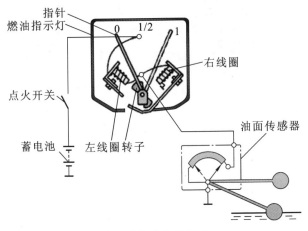

电磁式燃油表示意图

3. 下图所示为热敏电阻控制式燃油油量警告灯电路图,请写出各标号表示的元器件名称,并说明燃油不足的报警原理。

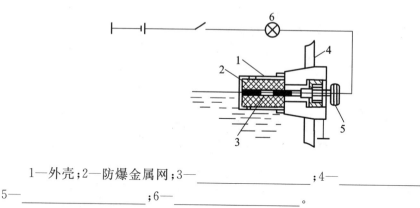

1—外壳;2—防爆金属网;3—_____;4—_____;
5—_____;6—_____。
燃油不足报警原理:

4. 下图所示为膜片式机油压力警告灯电路,阅读教材或查阅资料,简述发动机机油压力报警原理。

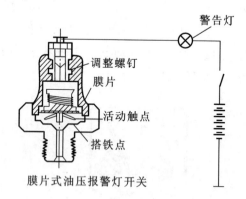

计划与实施

一、计划

对小组成员进行合理分工,制订详细的工作任务计划。

人员分配	
时间安排	
工作步骤	
设备和工具	

二、实施

1. 燃油指示系统检测

1) 燃油仪表指示检测

(1) 结合爱丽舍轿车燃油表电路图,打开点火开关,将一只 3.4 W 试灯跨接在配线侧连接器端子 2 和 3 间,观察亮度变化:＿＿＿＿＿＿＿

正常 □   不正常 □

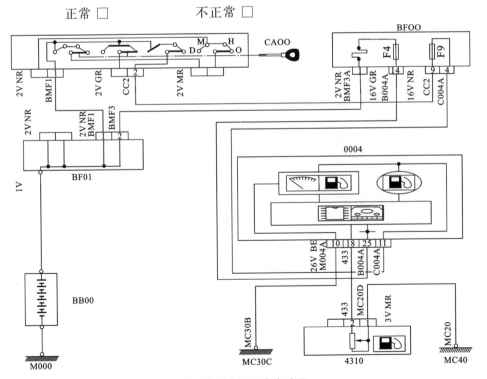

爱丽舍轿车燃油表电路图

(2) 测量燃油表端子 A 和 B 间阻值：_____
　　正常 □　　　　不正常 □

(3) 测量燃油表端子 A 和 C 间阻值：_____
　　正常 □　　　　不正常 □

(4) 测量燃油表端子 B 和 C 间阻值：_____
　　正常 □　　　　不正常 □

2) 燃油传感器检测

(1) 浮子从油满到空时，测量端子 2 和 3 间的电压变化：_____
　　正常 □　　　　不正常 □

(2) 浮子从油满到空时，测量传感器端子 2 和 3 间的电阻值变化：_____
　　正常 □　　　　不正常 □

(3) 短接传感器配线侧连接器端子 1 和 2，打开仪表警告灯：_____
　　正常 □　　　　不正常 □

2. 水温表检测

(1) 水温表端子 A、B 间电阻：_____
　　正常 □　　　　不正常 □

(2) 水温表端子 A、C 间电阻：_____
　　正常 □　　　　不正常 □

(3) 水温表端子 B、C 间电阻：_____
　　正常 □　　　　不正常 □

(4) 打开点火开关，水温表指针必须指示在_____位置，将水温传感器配线侧连接器通过试灯接地，打开点火开关，检查试灯_____，且水温表指针必须向_____移动。
　　正常 □　　　　不正常 □

3. 发动机机油油位警告系统检查

(1) 结合爱丽舍轿车发动机机油压力电路图，将 ECU 配线侧连接器端子 OW 接地，打开点火开关，检查警告灯_____
　　正常 □　　　　不正常 □

(2) 拔出油压警告灯连接器端子接地，打开点火开关，检查警告灯_____
　　正常 □　　　　不正常 □

(3) 在发动机不工作时，检查油压开关端子与地之间_____，在发动机工作时，检查油压开关端子与地之间_____
　　正常 □　　　　不正常 □

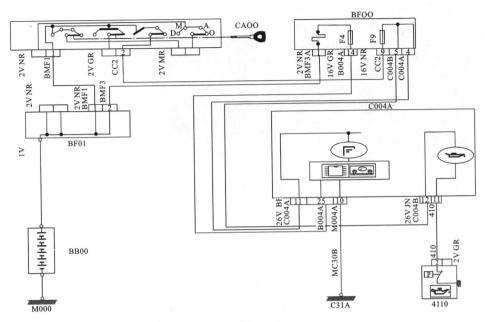

爱丽舍轿车发动机机油压力电路图

评 估

考评分项与分值	实操考评20分		素质考评50分				工单考评30分
	劳动纪律10分	5S管理10分	任务方案10分	工具使用10分	实施过程20分	完成情况10分	
自我评估							
组长评估							
教师评估							
综合评估							

学习工作页 13

姓名		学号		学时		成绩	
日期		地点		指导教师			
任务名称	电控门锁系统故障检修						
任务目标	知识目标： (1) 掌握电控门锁系统装置的组成及作用； (2) 了解电控门锁系统装置的工作原理； (3) 掌握电控门锁系统的电路分析及线路检修方法； (4) 重点掌握电控门锁系统的故障诊断与排除方法。 能力目标： (1) 能分析电控门锁系统的电路； (2) 能对电控门锁系统故障进行诊断与排除。						
设备、工具准备	实训车/台架、维修手册、数字万用表、跨接线。						
信息获取	车型：_____。						

学习准备

1. 电控门锁系统的功用、组成

(1) 电控门锁系统一般包括_____、_____、_____。

(2) 电控门锁系统一般由_____、_____、_____、行李箱门锁及_____等组成。

(3) 阅读教材或查阅资料，请在下列实训车示意图上填写电控门锁系统各部件的名称。

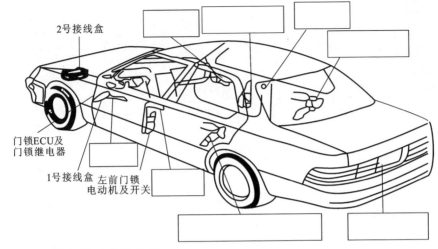

2. 电控门锁系统的分类

（1）按发展过程一般可分为普通电控门锁系统、_____、车速感应式电动门锁系统和_____。

（2）按控制方式不同,可分为不带防盗系统的电控门锁和_____电控门锁。

（3）按结构不同,可分为双向空气压力泵式电控门锁(现已淘汰)和_____电控门锁。

3. 电控门锁控制器

（1）如下图所示为电容式门锁控制电路原理图,阅读教材或查阅资料,请简述门锁控制原理。

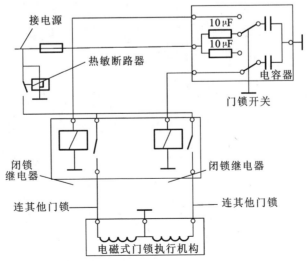

（2）车速感应式门锁控制器控制电路如下图所示，请阅读教材或查阅资料，简述控制原理。

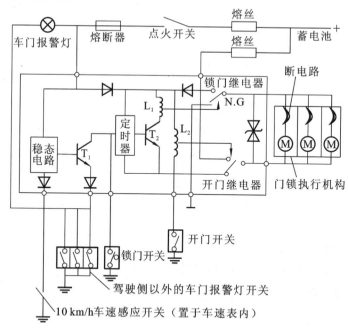

4. 下图为电动式电控中央门锁控制电路，写出用门锁控制开关锁门和开门的工作原理。

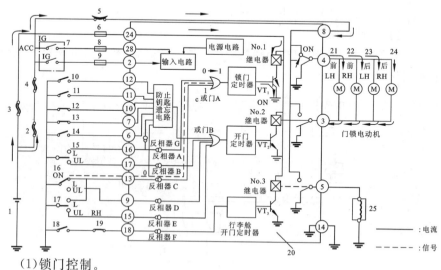

（1）锁门控制。

（2）开门控制。

计划与实施

一、计划

对小组成员进行合理分工,制订详细的工作任务计划。

人员分配	
时间安排	
工作步骤	
设备和工具	

二、实施

1. 电控门锁系统操作

通过门锁开关实现各车门门锁的开关动作：_____

2. 元件指认

(1) 门锁开关位置_____；

(2) 门锁及门锁电动机位置_____；

(3) 中控门锁控制器位置_____；

(4) 舒适系统中央控制单元位置_____；

(5) 左前、右前、左后、右后车门控制单元位置_____；

(6) 防盗 ECU 位置_____；

(7) 自动锁门的方式_____；

(8) 电控门锁系统各熔断丝、继电器位置_____。

3. 部件检查

(1) 左前中控门锁开关。

开关动作	开关端子	测量状态	规定值
开锁	端子		
	端子		
关锁	端子		
	端子		
开锁	端子		
	端子		
	端子		

续表

开关动作	开关端子	测量状态	规定值
关锁	端子		
	端子		
	端子		

（2）中控门锁模块测量。

工作模式	端子1	端子2	端子3	端子4	端子5	端子6	端子7	端子8
开锁								
关锁								
规定值	1							

4.故障检修

（1）故障现象描述。

（2）故障原因分析。

① 解读电路图（找回路）。

② 可能的故障点分析。

③ 故障诊断步骤及方法。

④ 故障诊断操作过程。

⑤ 故障诊断结论。

⑥ 提出维修建议。

评　估

考评分项与分值	实操考评20分		素质考评50分					工单考评30分
	劳动纪律10分	5S管理10分	任务方案10分	工具使用10分	实施过程20分	完成情况10分		
自我评估								
组长评估								
教师评估								
综合评估								

学习工作页 14

姓名		学号		学时		成绩	
日期		地点		指导教师			
任务名称	汽车电路图识读							
任务目标	知识目标： (1) 汽车整车电路的组成和电路图的种类与组成； (2) 汽车电路的接线规律和识读电路图的要点； (3) 识读汽车电路图的一般要领。 能力目标： (1) 正确描述汽车电路图的表示方法； (2) 能根据电路图分析电路故障原因。						
设备、工具准备	实训车/台架、维修手册、电路图。						
信息获取	车型：_____。						

学习准备

1. 汽车电路图的组成和类型

(1) 汽车整车电路通常由_____电路、_____电路、_____电路、_____电路、仪表信息系统电路、辅助装置电路和_____电路组成。

(2) 汽车电路图可分为_____、_____、_____、_____。

指出下列汽车电路图的类型并说明其用途和特点。

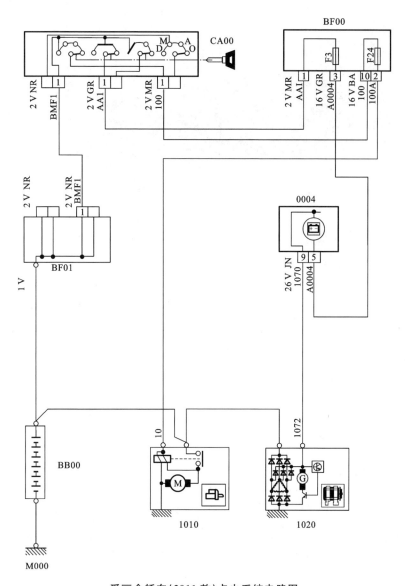

爱丽舍轿车(2011款)点火系统电路图

类型：

用途：

特点：

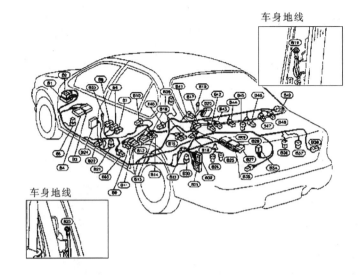

类型：

用途：

特点：

2. 简述识读汽车电路图的一般要领

(1) _____ ；

(2) _____ ；

(3) _____ ；

(4) _____ ；

(5) _____ ；

(6) _____ ；

(7) _____ ；

(8) _____ ；

(9) _____ ；

(10) _____ ；

(11) _____ ；

(12) _____ 。

计划与实施

一、计划

对小组成员进行合理分工,制订详细的工作任务计划。

人员分配	
时间安排	
工作步骤	
设备和工具	

二、实施

1. 结合下面的雪铁龙汽车电路图,写出各字母标注的含义,说明法系车电路图的特点。

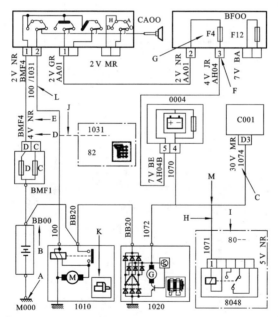

(1) 识读标注。

A 标注的含义:_____; B 标注的含义:_____;

C 标注的含义:_____; D 标注的含义:_____;

E 标注的含义:_____; F 标注的含义:_____;

G 标注的含义:_____; H 标注的含义:_____;

I 标注的含义:_____; J 标注的含义:_____;

K 标注的含义：_____；L 标注的含义：_____；
M 标注的含义：_____。

（2）法系车电路图的特点。

① 电源部分画在电路图的 _____，搭铁部分画在电路图的 _____。

② 通常同时提供电路原理图和线路布置图，电路原理图和线路布置图用相同的标识。

③ 原理图中的导线同时标示了 _____ 和所在 _____。

④ 电路原理图和线路布置图中标示了插接器和插头护套的 _____。

⑤ 线路布置图中直观地标示了搭铁点位置。

⑥ 在电路图中，各导线都标明其所在 _____ 的代号。

（3）根据维修手册电器电路图，识读爱丽舍轿车的雾灯电路。

① 前雾灯回路。

② 后雾灯回路。

2. 结合下面的大众汽车电路图，写出图中各数字所标示的含义，说明德系车电路图的特点。

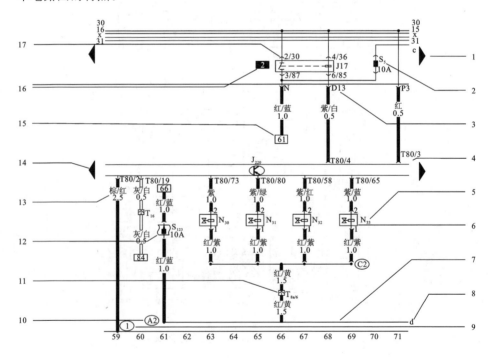

(1) 识读标注。

1 标注的含义：_____； 2 标注的含义：_____；

3 标注的含义：_____； 4 标注的含义：_____；

5 标注的含义：_____； 6 标注的含义：_____；

7 标注的含义：_____； 8 标注的含义：_____；

9 标注的含义：_____； 10 标注的含义：_____；

11 标注的含义：_____； 12 标注的含义：_____；

13 标注的含义：_____； 14 标注的含义：_____；

15 标注的含义：_____； 16 标注的含义：_____；

17 标注的含义：编号"30"的含义：_____；

编号"15"的含义：_____； 编号"X"的含义：_____；

编号"31"的含义：_____； 编号"50"的含义：_____。

(2) 德系车电路图的特点。

① 电路采用 _____ 布置。

② 采用 _____ 法解决线路交叉问题。

③ 全车电路图分为三部分：最上面的部分为 _____ 电路，其中标明了熔断丝的位置及其标称容量、继电器位置编号及接线端子号等；中间部分是车上的 _____；最下面的横线是 _____。

④ 整车电器系统正极电源分为 _____ 路。

⑤ 许多重要电器的搭铁线直接与 _____ 连接。

⑥ 汽车电器线路以 _____ 为中心进行控制，大部分 _____ 安装在中央配电盒的正面，_____ 安装在中央配电盒的背面。

(3) 帕萨特（2006 款）轿车电路图中各元件符号辨别。

(4) 根据维修手册电器电路图，识读帕萨特轿车的雾灯电路。

① 前雾灯回路。

② 后雾灯回路。

评 估

考评分项与分值	实操考评 20 分		素质考评 50 分				工单考评 30 分
	劳动纪律 10 分	5S 管理 10 分	任务方案 10 分	工具使用 10 分	实施过程 20 分	完成情况 10 分	
自我评估							
组长评估							
教师评估							
综合评估							

学习工作页 15

姓名		学号		学时		成绩	
日期		地点		指导教师			
任务名称	汽车电气系统综合故障检修						
任务目标	**知识目标：** （1）掌握汽车电气系统故障诊断的一般程序和方法； （2）掌握利用基本工具检查电路故障的方法。 **能力目标：** （1）会利用原车电路图分析和查找电路故障； （2）能根据电路图分析故障原因及查找故障； （3）会用正确的工具和仪器诊断和排除故障。						
设备、工具准备	实训车/台架、维修手册、万用表、试灯、故障诊断仪。						
信息获取	车型：_____。						

学习准备

1. 阅读教材或查阅资料,简述汽车电气系统故障诊断的一般程序。

第一步：_____；

第二步：_____；

第三步：_____；

第四步：_____；

第五步：_____。

2.阅读教材或查阅资料,简述汽车电气系统故障常用的检修方法。

3.阅读教材或查阅资料,请说明汽车电气系统电路故障诊断与检修的注意事项。

4.阅读教材或查阅资料,请说明检查以下器件及相关电路的方法。
(1)熔断器及相关电路的检查方法。

(2)继电器及相关电路的检查方法。

(3)灯泡的检查方法。

(4)开关的检查方法。

(5)线路的检查方法。

计划与实施

一、计划

对小组成员进行合理分工,制订详细的工作任务计划。

人员分配	
时间安排	
工作步骤	
设备和工具	

二、实施

帕萨特轿车发动机无法启动故障检修。

1. 点火开关打到启动挡,观察故障现象并做记录。

2. 小组讨论,采用"头脑风暴法"分析发动机无法启动的故障因素,并在下图横线上写出。

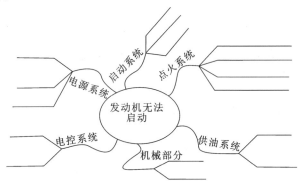

3. 参考下列检修流程图,结合实际故障现象,制定检修流程图。

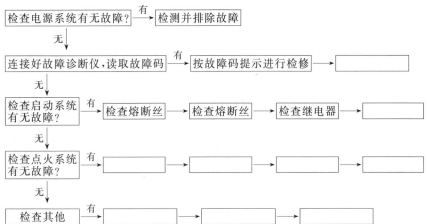

4. 分析电路,检查故障。
(1) 识读全车电器电路图,分析故障系统电路。

(2) 故障系统器件及线路检查,记录检查过程及数据。

(3) 通过上述检查结果分析,得出结论,并记录故障排除方法及过程。

5. 检查。

(1) 点火开关打到启动挡,检查发动机是否能正常启动,并做记录。

(2) 对发动机无法启动故障检修总结如下。

评　估

考评分项与分值	实操考评20分		素质考评50分				工单考评30分
	劳动纪律10分	5S管理10分	任务方案10分	工具使用10分	实施过程20分	完成情况10分	
自我评估							
组长评估							
教师评估							
综合评估							